LA
CONSTITUTION POUR TOUS.

CONSÉQUENCES DU SUFFRAGE UNIVERSEL,

MORALISATION DES PEUPLES,

VÉRITABLE GOUVERNEMENT DE TOUS PAR TOUS ET POUR TOUS.

PAR

LUDGER BERTON.

PARIS.

LIBRAIRIE FRANÇAISE ET ÉTRANGÈRE

DE F. DEBALSKI,

9, RUE SAMSON, DERRIÈRE LE CHATEAU D'EAU.

—

1848

BUT DE CE LIVRE.

Le suffrage universel devant être le centre ou point de départ de toutes nos décisions, de l'organisation complète de notre société, j'ai cru qu'il était bon d'en développer toutes les conséquences.

Pour que des institutions soient morales et droites, il faut qu'elles proviennent d'un principe moral et droit; or, le suffrage universel est en principe ce qu'il y a de plus droit et de plus moral. Mais, si tout citoyen, quel qu'il soit, est appelé à remplir la double fonction d'*électeur* et d'*éligible*, il faut lui donner à la fois les moyens d'être *électeur* et *éligible*. Le droit d'*élire* est consacré par la nature : c'est la naissance seule qui le confère, puisqu'il suffit d'être né citoyen français; mais l'honneur d'être *élu* est un droit que la société confère au plus méritant : il faut donc que la société donne à tous ses membres, indistinctement, les moyens de parvenir à ce but.

Jusque-là, on aurait tort de dire :

— *Tout citoyen est électeur et éligible.*

DE LA DÉMOCRATIE.

Depuis le **24** février, des myriades de journaux ont puru, les élucubrations littéraires ont pullulé ! Chacun veut apporter sa pierre à la fondation de l'édifice social que nous avons à construire. Depuis deux mois, le peuple français, de Paris surtout, a plus été flatté qu'aucun roi de la terre, dans les plus beaux jours de la souveraineté absolue, si bien que le mot de Louis XIV : *l'État, c'est moi*, n'est plus qu'une mesquine parodie.

Si je voulais flatter le peuple, ce ne serait certes pas sur sa conquête de février, car elle n'est pas seulement le résultat de son courage, mais bien plutôt la loi des destinées humaines, le génie providentiel, la consécration du droit réellement divin.

Le trône est tombé, parce qu'il devait tomber, parce que l'heure d'une résurrection avait sonné ! — Ne nous drapons pas tant dans notre orgueil, car nous ne sommes pas maîtres des événements, et si Dieu nous a choisis pour être le flambeau du monde, soyons-en fiers, mais non pas vains !

Si je voulais flatter le peuple, ce serait sur la modération, la probité, l'abnégation et la générosité dont il donne l'exemple à la société ; mais on ne flatte pas ceux qu'on estime ; aussi, je vais leur dire la vérité.

Vous voulez une démocratie ? ou plutôt on vous souffle à l'oreille qu'une démocratie est la seule forme de gouvernement possible pour faire votre bonheur. —Il faut d'abord bien nous entendre sur les mots.

Il y a trois fractions qui divisent l'Etat :

1° L'aristocratie ;

2° Le républicanisme ;

3° La démocratie.

La première, l'*aristocratie*, est celle qui possède, qui accumule, qui prospère et qui s'arroge le droit de jouissance.

La seconde, le *républicanisme*, possède ou ne possède pas, peu lui importe : son principe est de sacrifier l'intérêt particulier à l'intérêt général.

La troisième, la *démocratie*, ne possède rien, veut posséder par des moyens plus ou moins légitimes, est avide de jouissances, et tend, par ses principes, à détrôner la première à son profit.

On peut voir facilement que dans une société ainsi organisée la base et le sommet sont également mauvais, que le milieu, seul, a droit à notre considération. Or, que faut-il faire pour obtenir un bon résultat? — Niveler, — c'est-à-dire faire descendre *progressivement* ce qui est en haut, et faire monter *progressivement* ce qui est en bas. J'appuie sur ce mot *progressivement*, parce qu'il est pour nous une question de salut; l'intérêt particulier est ce qu'il y a de plus terrible à traiter : on peut réussir en le ménageant, on avorte en le heurtant.

Le républicanisme est donc, en quelque sorte, le pivot autour duquel il faut faire graviter sans relâche l'aristocratie et la démocratie, sans qu'elles puissent se rencontrer autre part qu'à la base où elles seront attirées peu à peu, et se réuniront dans une confraternité durable. — Et, en effet, imaginez-vous ces deux fractions ennemies livrées à elles-mêmes, en lutte perpétuelle, l'une détrônant l'autre, à tour de rôle, en sorte que le vainqueur serait toujours aristocrate et le vaincu toujours démocrate! Dans ce désordre, où serait, je vous le demande, l'avenir du monde?

Il faut donc se rallier au républicanisme, car c'est sous cette forme de gouvernement, seule, que nous pouvons espérer des temps meilleurs.

Et pour preuve, voici là définition exacte et succincte des trois formes de gouvernement possibles dans le monde :

1° *Gouvernement aristocratique* : du riche, par le riche et pour le riche ;

2° *Gouvernement démocratique* : du pauvre, par le pauvre et pour le pauvre ;

3° *Gouvernement républicain* : de tous, par tous et pour tous.

Le choix n'est pas douteux pour tout homme de cœur.

Il ne faut donc pas de république démocratique, comme on affecte d'accoler ces deux mots entièrement antipathiques ; — cela ferait supposer qu'il peut exister une république aristocratique, autre monstruosité. Ce sont là des mots auxquels je déclare la guerre, car ils cachent une idée essentiellement destructive, reposant sur l'intérêt particulier : *là où il y a aristocratie ou démocratie, il n'y a pas république.*

DE LA DÉPUTATION.

Pour qu'une assemblée soit réellement nationale, il faut qu'elle soit la représentation fidèle, directe du pays, c'est-à-dire que tous les citoyens, à quelque classe qu'ils appartiennent, puissent être représentés. Le cens électoral, tel qu'il existait autrefois, était une chose inique et absurde tout à la fois, car il est évident que l'électeur payant 200 francs d'impositions n'était pas représenté par le député qui en payait 500 ; les intérêts ne pouvaient pas être les mêmes. — Les lois erronées qui nous ont régis pendant de longues années sont la justification de ce que j'avance.

Mais nous avons aujourd'hui le suffrage universel, et nous croyons avoir tout dit... — Erreur ! — Nous avons fait seulement la moitié de la besogne !

Il est évident qu'on ne peut réunir la pluralité des suffrages d'un département qu'à la condition qu'on y sera connu. — Et quels sont les moyens à employèr pour être connu de tous ses concitoyens, ou tout au moins de son département?

Voici la question que nous avons à examiner ; elle est le point de départ, la base fondamentale de notre société nouvelle.

Il est clair que la première condition pour être connu est d'avoir de la fortune ; mais parce que vos moyens pécuniaires vous permettent de faire afficher votre *profession de foi* dans toutes les communes d'un département, ou de payer un tambour pour qu'il colporte de bourg en bourg et votre nom et votre qualité de propriétaire, tout au moins, en résulte-t-il que vous possédez pour cela les qualités nécessaires pour bien remplir le mandat que vous sollicitez? Votre fortune vous donnera-t-elle du patriotisme, et ne serez-vous pas un peu trop à l'aise sur les coussins de votre château, pour juger les intérêts du pauvre qui demeure sous l'humble toit de chaume?—Ne croyez pas que je veuille faire de l'exclusion systématique, non, loin de moi cette pensée ! — Je sais qu'il y a de nobles cœurs parmi les gens fortunés, et qu'il n'y a pas de raison pour qu'on n'y trouve aussi des hommes capables ; je veux seulement parler de cette classe de parvenus, qui, oubliant trop tôt leur origine, croient que la fortune est un brevet de capacité, et à qui l'argent donne une certaine suffisance dont les temps nouveaux feront justice, je l'espère.

Il reste donc bien démontré d'abord que le riche, jusqu'à présent, est le seul qui puisse donner assez de publicité à son nom pour obtenir dans un département un assez grand nombre de suffrages qui le portent à l'Assemblée nationale.

Nous ne pouvons cependant pas avoir que des riches, car ils ne représentent pas le quart de la population, et il en résulterait que nous retomberions dans les mêmes abus que précédemment, et que nous n'aurions dans notre système de gouvernement qu'un nom de changé.

Il faut donc que nous soyons représentés par des hommes de talent, quelle que soit leur position sociale ; et ceux-là, il faut les chercher, puisque s'ils sont pauvres, ils restent ignorés ; mais il est bon d'établir que s'ils ont du talent, et s'ils sont pauvres, ils méritent à deux titres d'être nos représentants.

Voici donc ce que je propose à l'Assemblée constituante :

COMMISSIONS CIVILES.

Seront appelés à faire partie de l'Assemblée nationale, ou Chambre des députés, tous ceux qui, par leur mérite auront obtenu la majorité des suffrages de leurs concitoyens; mais comme il faut que ce mot : *mérite,* soit pris dans sa plus large acception, que ce ne soit plus un leurre, comme autrefois, qu'il soit bien distinct du mot : *fortune,* car ce dernier doit être impitoyablement rayé des choses administratives , non par exclusion absolue, mais par incompétence, inutilité; il sera nommé dans chaque département une commission civile, élue aussi à la pluralité des voix, et choisie parmi les citoyens représentant toutes les branches du commerce, de l'industrie et des arts indistinctement.

Ces commissions seront en correspondance directe et suivie avec celle du département de la Seine, qui prendra le nom de : *commission civile centrale.*

Leur but sera de rechercher dans leurs localités respectives les citoyens qui se feront remarquer soit par leurs vertus, leur talent ou leur intelligence, de leur tendre une main amie, de chercher à développer en eux les facultés qu'on voit en germe, et, le résultat obtenu, d'en référer immédiatement à la *commission civile centrale*, qui se chargera de donner à leur nom la plus grande publicité possible.

Le but des commissions ne sera pas seulement de rechercher les citoyens capables de siéger à la Chambre des députés, mais bien de protéger aussi les hommes spéciaux, confinés à perpétuité dans les ateliers, qu'elle que soit leur intelligence, et par cela seul qu'ils sont pauvres.

Sera puni très-sévèrement tout chef d'atelier qui s'appropriera un mode d'invention ou de perfectionnement trouvé par son subordonné, que le manque de moyens pécuniaires empêcherait d'exploiter par lui-même.

Le gouvernement, sur le rapport de la *commission civile centrale*, devra par tous les moyens en son pouvoir, aider au développement de l'idée trouvée par un citoyen et reconnue bonne.

Il est un fait bien évident et qu'il n'est pas permis de mettre en doute, c'est qu'un peuple n'est vertueux qu'en raison des lois qui le régissent. Qu'ont fait les gouvernements déchus pour propager la vertu et développer l'intelligence?

Rien.

Je me trompe, l'intelligence était remplacée par l'intrigue, si bien que le plus adroit, dans le sens fripon, était celui qui avait le plus de chances de réussir.

Autre temps, autres mœurs.

Espérons que ce vieil adage recevra enfin son application.

Espérons que nous ne verrons plus un gouvernement encourager et protéger la prostitution.

Espérons que l'ouvrier ne sera plus exploité au profit du maître, qu'il sera réellement le père de ses œuvres, et qu'il pourra en recueillir tous les fruits.

Espérons enfin qu'à l'image de Dieu, notre père, qui répand indistinctement sur tous les êtres qu'il a créés les rayons bienfaisants du soleil, notre gouvernement, véritable père, aura pour nous tous une égale part de justice et d'amour.

COMMISSIONS MILITAIRES.

Puisse-t-il être arrivé ce jour où, bien unis, tous, par les liens sublimes de la fraternité, nous pourrons déposer les armes que les exactions d'un pouvoir immoral avaient apportées dans nos mains pour nous en servir les uns contre les autres !

Puisse-t-il arriver aussi ce jour où toutes les nations jalouses du bonheur que nous devons éprouver dans la réalisation de notre symbole : *liberté, égalité, fraternité*; envieuses de notre joie, car nous serons *libres*; de notre force, car nous serons unis par l'*égalité*; et de notre grandeur, car la *fraternité* nous rendra sublimes ! puisse-t-il arriver, dis-je, qu'elles secouent enfin le joug qui les écrase, et se réunissent à nous dans une confraternité admirable, pour ne plus faire du monde entier qu'une seule famille, qui n'aurait plus qu'un maître : son père, Dieu !

Mais ces temps sont loin de nous encore, et plus

d'une fois nous aurons à lutter contre les oppressions barbares des rois ennemis-nés des peuples. Il ne faut donc pas encore, sans un grand danger, et quoi qu'en disent certains publicistes confiants, réformer notre armée, désarmer quand même; il faut, bien au contraire, ranimer, non pas le courage, mais l'ardeur de nos soldats, les mettre à la hauteur de la mission qu'ils ont à remplir, car ils seront peut-être appelés à défendre notre république au dehors avant que nous ayons pu la consolider au dedans.

Pour que l'armée soit forte, il faut qu'elle soit unie; pour qu'elle marche avec ardeur, il lui faut un noble but; pour qu'elle triomphe, il lui faut des chefs aimés et estimés. L'avancement progressif est sans doute une bonne chose, mais il ne faut pas qu'il soit absolu; là, comme ailleurs, le mérite doit être, d'abord, récompensé. Quel que soit le degré de perfectionnement que l'armée ait pu atteindre, elle est encore et sera toujours susceptible de perfection. Il faut donc que les hommes pratiques, quels qu'ils soient puissent, si leur intelligence le permet, développer les idés d'amélioration qu'ils ont pu trouver dans l'exercice de leurs fonctions.

Je demande donc aussi que dans chaque division il soit nommé une *commission militaire*, qui serait en relation directe avec celle de Paris, laquelle aurait pour titre : *commission militaire centrale.*

Ces commissions, organisées dans le même but que les précédentes, devraient comme elles rechercher indistinctement parmi les officiers, sous-officiers et soldats, ceux d'entre eux qui mériteraient d'être signalés à leurs concitoyens ; la plus grande publicité serait donnée à leurs noms, pour les désigner, à l'occasion, aux suffrages de tous.

En cas de promotions, les registres des commissions militaires devraient être examinés avec soin.

On comprendra facilement le but que je me proposerais d'atteindre en créant ces commissions civiles et militaires ; elles auraient, je crois, pour résultat de stimuler les hommes sans énergie et de donner une direction utile à ceux dont les passions sont le principal mobile. Les hommes passionnés sont assez génélement des hommes énergiques ; c'est en quelque sorte un trop plein de forces qui fait irruption et qui se perd faute d'une bonne direction. A mon sens, ce trop plein de forces peut devenir un trésor si l'on sait bien l'employer.

Un pareil système tendrait, je crois, à développer l'intelligence, car il tiendrait toutes les ambitions en éveil, ambitions nobles parce qu'elles auraient pour but l'amélioration, la perfection de notre société.

LA CONSTITUTION.

Une constitution se distingue par deux points essentiels : la forme et le fond. Quelques-uns abandonnent la forme au profit du fond ; d'autres le fond au au profit de la forme. Et pourtant rien n'est à sacrifier, car l'un est la conséquence de l'autre. Je dirai même que la forme est une chose urgente, car elle influe d'une manière remarquable sur le fond ; et pour preuve, je citerai un fait que tout le monde a pu apprécier, c'est l'influence de l'habit. Cela n'est certes que de la forme, et pourtant quel est celui de nous qui déjà n'en a pas subi les conséquences? Combien de fois n'a-t-on pas craint de faire sous l'habit ce qu'on aurait fait sans hésitation sous la blouse? Il y a un très-grand principe de moralité et de perfection dans l'habit; d'abord parce qu'il oblige celui qui le porte à plus de propreté et de soins : acheminement vers l'ordre; ensuite parce que l'homme habillé étudie mieux son langage; tel qui laisserait échapper des mots énergiques — pour ne pas dire mieux — sous la blouse, n'oserait pas les dire sous l'habit. Cette recherche du langage amène incontestablement à l'éducation, ce qui rend les relations entre citoyens, sinon plus intimes, au moins plus agréables.

Mais il suffit, je crois, de constater ce fait, puisque chacun de nous a dû l'éprouver; il est facile de s'en rendre compte en y consacrant quelques instants de réflexions.

Je reviens à la constitution, et vais par tous les moyens en mon pouvoir essayer d'en indiquer et la forme et le fond.

Je voudrais une chambre de députés essentiellement législative, un gouvernement investi du pouvoir exécutif, et une présidence centralisant le pouvoir, dont elle n'aurait pas l'initiative.

Je vais prendre un à un ces trois pouvoirs, que je voudrais dessiner à l'image de la Trinité divine : un faisant trois, trois ne faisant qu'un.

CHAMBRE DES DÉPUTES.

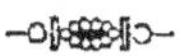

Je la voudrais composée de 450 membres, soit :

Un représentant par 80 mille habitants.

Il faut avant tout éviter la confusion inévitable là où il y a un trop grand nombre d'hommes réunis.

Les députés seraient élus, dans leurs départements, à la pluralité des voix. Je ne voudrais pas qu'on divisât les élections par colléges, comme autrefois; les influences doivent être impossibles quand il faut les exercer sur tout un département; elles deviennent, sinon faciles, au moins praticables, quand elles peuvent s'exercer sur un nombre restreint d'habitants.

Il n'y aurait pas de tribune. Elle engendre les discours oiseux qui fatiguent l'auditoire et font précipiter un vote souvent mal compris pour échapper à l'obsession des orateurs acharnés ; ou bien, si la discussion est brillante, elle renferme en elle un grand danger, c'est de faire perdre de vue l'objet principal et de surprendre souvent un vote à celui-là même qui se trouvait le plus en garde contre les subtilités de la parole.

Les députés parleraient de leurs places ; leur langage serait plus concis, et par conséquent plus digne.

La session devrait être de six mois, au moins.

La durée du mandat de cinq ans, au plus.

La chambre des députés résumerait le pouvoir législatif.

Le peuple, seul souverain, aurait le droit de dissoudre la chambre avant l'entière expiration de son mandat ou d'en changer un ou plusieurs membres.— Je donnerai plus loin les moyens à employer pour obtenir ce résultat sans commotions toujours nuisibles aux intérêts de tous.

Les députés devraient être assez largement rétribués pour qu'il ne leur fût pas permis de se livrer à d'autres occupations salariées ; tout leur temps et tous leurs moyens devant être consacrés au service de l'État.

La chambre devrait au besoin puiser l'essence de ses délibérations dans les travaux produits par les commissions civiles et militaires, élaborer avec soin les projets présentés par elles et les produire s'il y avait lieu.

Elle devrait enfin veiller à maintenir l'ordre au dedans, la grandeur au dehors, penser à tous et travailler sans relâche pour tous.

GOUVERNEMENT.

Le gouvernement résumant le pouvoir exécutif serait composé des ministres.

Les ministres seraient choisis et élus par les députés; — les plus capables entre les plus capables.

La durée de leur mandat ne serait pas limitée.

Un ministre ne devrait point donner sa démission parce qu'une proposition faite par lui n'aurait pas été acceptée par la majorité de la chambre; — les questions d'amour-propre ne sont plus à l'ordre du jour.

La chambre pourrait révoquer un ministre de ses fonctions en procédant toujours par voie de majorité.

La base d'un gouvernement républicain étant la franchise, les séances devraient être publiques, autant que possible; on ferait exception en faveur du ministère des affaires étrangères, quand il y aurait lieu, pour ne pas entraver la marche, souvent pénible, des affaires extérieures.

Les autres ministères devraient présenter leurs opérations au grand jour.

Les décisions se prendraient en conseil de gouvernement composé de tous les ministres réunis.

Chacun d'eux serait responsable de ses œuvres.

Pour que la corruption ne fût plus possible, il faudrait la flétrir à tout jamais.

Je proposerais donc qu'un ministre accusé et convaincu de concussion ou de toute manœuvre incompatible avec ses fonctions fût remplacé sur-le-champ et chassé de l'État, accompagné du mépris de tous ses concitoyens.

Des exemples trop récents nous autorisent à faire cette motion.

Par compensation — et comme cela est de toute logique, bien qu'on ne l'ait pas pratiqué jusqu'alors — on devrait récompenser la vertu pour la mettre plus en opposition avec le vice qu'on punit. Tout ministre donc qui par son intégrité, son dévouement et ses capacités, aurait dans l'exercice de ses fonctions contribué au bien-être de ses concitoyens, recevrait de la patrie, à titre de récompense, une nouvelle couronne civique, le plus beau titre de noblesse que l'homme eût jamais pu laisser à sa postérité !

Le traitement des ministres devrait être proportionné aux ressources de l'Etat.

Il ne leur serait point alloué de frais de représentation.

PRÉSIDENCE.

Il faut trancher hardiment cette question.

Je ne voudrais pas que le président fût un homme politique, ou, pour mieux dire, je voudrais une constitution telle qu'il lui fût impossible de prendre aucune initiative; que le pouvoir fût seulement centralisé en lui, centralisation dont il ne serait que le dépositaire; que ce fût enfin un instrument actif, mais une volonté passive.

On va crier au paradoxe; mais qu'on veuille bien m'écouter.

Un président — ne jouons pas avec les mots — est un roi de fait. Il le deviendra tôt ou tard de droit — usurpé, sans doute; mais nous vivons dans un temps d'usurpation — si nous n'y prenons garde! — Napoléon de consul est devenu empereur; de républicain, despote. Louis-Philippe, parti roi constitutionnel, marchait à grands pas vers l'absolutisme. Nous pouvons encore avoir pour président quelque Napoléon ou quelque Louis-Philippe. — Pensons-y bien.

Assez longtemps nous avons eu pour chef un homme qui ne représentait que le gouvernement, c'est-à-dire la politique. Il est temps enfin que la société soit représentée à son tour. La société était autrefois *la conséquence, le résultat de la politique;* il faut aujourd'hui que ce soit *la politique qui devienne la conséquence, le résultat de la société.*

Il ne faut pas faire des lois d'abord et dire : La société, quelle qu'elle soit, s'y soumettra.

Il faut faire une société d'abord, et dire : Les lois dé-
coulent de ses principes ; on les observera avec amour,
parce qu'elles résument la véritable harmonie !

Je voudrais donc que le président n'eût l'initiative
d'aucun pouvoir ; il en serait seulement le dépositaire.

Il présiderait à la chambre des députés et au conseil
des ministres.

Il serait nommé par la nation. Pour éviter une double élection, chaque électeur devrait sur sa liste de
candidat ajouter le titre de président en regard du nom
du député qu'il voudrait honorer de son choix.

La durée de son mandat serait aussi de cinq ans.

Le traitement du président serait également en rapport avec les ressources de l'Etat.

Il ne lui serait point alloué de frais de représentation, ne devant point recevoir officiellement en son
nom.

Un crédit serait ouvert au ministère des finances
pour les fêtes publiques.

Elles auraient lieu en été sur les places et les boule-
varts ; en hiver, dans le palais du peuple, où des dé-

putations des citoyens de toutes classes devraient être appelées à tour de rôle.

Le président ferait les honneurs de toutes les réceptions officielles; toutes auraient lieu au palais du peuple et au nom du peuple souverain.

En dehors de ses fonctions administratives, le président ne serait plus qu'un simple particulier et devrait vivre comme tel.

L'exemple de la simplicité et de l'abnégation doit partir d'en haut.

DES RÉVOLUTIONS.

Il y a deux sortes de révolutions, celles à coups de fusils et celles à coups d'idées; les premières anéantissent tout, bouleversent entièrement la société et lui impriment un mouvement rétrograde de plusieurs années; les autres, au contraire, lui font franchir une distance incommensurable, lui donnent une nouvelle

force et la font marcher vers son but sans tergiver-
sation.

Les coups de fusils ne prouvent rien, parce qu'ils
peuvent être donnés avec succès par une minorité
alerte et énergique, en raison de son infériorité, contre
une majorité confiante et inerte en raison de sa su-
périorité.

Les idées peuvent tout, car elles sont le résultat du
développement de l'intelligence ; quand elles sont
droites, elles ont accès dans tous les cœurs droits, elles
s'y incrustent et restent immuables. Il est impossible
qu'une révolution morale fasse rétrograder la société :
l'intelligence qui se développe ne peut aller qu'en
avant.

Si nous étions tous bien pénétrés de ces principes,
nous irions aussitôt reporter nos fusils à leurs mairies
respectives, nous rejetterions avec dégoût cet instrument le moins civilisateur qui soit au monde !

Mais nous sommes loin d'en être là. — Tel qui, pé-
nétré de ces principes, voudrait déposer ses armes,
serait arrêté par la crainte que son voisin ne voulût
pas le faire, et il aurait raison. — Un ne peut le faire
qu'à la condition que Tous le feront.

Ce n'est donc pas aux individus qu'il faut s'adresser, mais bien aux institutions régissant ces mêmes individus.

J'ai dit plus loin que *le peuple, seul souverain, aurait le droit de dissoudre la Chambre avant l'entière expiration de son mandat, ou d'en changer un ou plusieurs membres, sans commotions, toujours nuisibles aux intérêts de tous,* c'est-à-dire sans révolution à main armée.

Je vais dire d'abord pourquoi il peut y avoir urgence à dissoudre la chambre, ou bien à changer un ou plusieurs de ses membres.

Lorsqu'un homme se présente à nous, électeurs, pour être élu représentant du peuple, il ne nous est guère possible de faire une étude assez approfondie de son caractère pour nous convaincre de la droiture de son esprit et de la sincérité des sentiments qu'il affiche. Il peut même, avec art, cacher ses vices sous des apparences de vertu : il est des hommes avides de gloire, qui ne reculent devant aucun sacrifice pour arriver à leur but. Trompés par ces hommes, il est évident qu'une fois nommés, nous obtiendrions le résultat tout opposé de celui que nous attendions.

Ainsi donc :

Si le roi, qui autrefois n'avait pas nommé la chambre, avait cependant le droit de la dissoudre, comment se pourrait-il que le peuple, reconnu seul souverain, n'aurait pas le droit, lui, de dissoudre la chambre qu'il a nommée; en un mot, de défaire ce qu'il a fait?

Il faut que les députés soient tenus en charte privée, qu'ils soient sans cesse sous le coup de la souveraineté du peuple, souveraineté intègre, morale, qui frappera toujours juste.

Je propose donc, en ne m'écartant jamais du principe absolu de la majorité, que dans le cas où la chambre, oubliant les intérêts de ceux qu'elle doit représenter, violerait les engagements qu'elle a contractés envers eux, il soit fait immédiatement justice de leur perfidie.

Il serait donc fait une pétition pour la dissolution, proposée et soumise à la signature de tous les électeurs. Or, je suppose en France trois millions d'électeurs. Eh bien, lorsque la pétition aurait obtenu deux millions de signatures, c'est-à-dire les deux tiers, la Chambre serait dissoute immédiatement, de droit et de fait.

Si l'on s'effraie du travail matériel d'une pareille

opération, je vais donner quelques détails qui rassureront sans doute.

Il faudrait d'abord que l'Assemblée nationale constituante voulût bien constater la souveraineté du peuple; il ne suffit pas de la proclamer. Une fois constatée, on devrait par tous les moyens possibles, chercher à lui rendre facile l'exercice de ses droits. Ainsi, pour les pétitions, chaque maire de ville, de commune, etc., quelle que fût l'importance de la localité, pourvu qu'il y en eût un, devrait avoir dans ses bureaux des papiers préparés à cet effet; chacun d'eux serait chargé de légaliser les signatures qui, une fois toutes recueillies, devraient être envoyées au centre ou chef-lieu du département, et de là à Paris pour la vérification du résultat.

Les commissions civiles et militaires dont j'ai parlé plus haut, qui serviront en quelque sorte d'intermédiaire entre les citoyens et les députés, et qui, par leur position, seront à même d'apprécier l'esprit général de la population, devront prendre l'initiative de ces pétitions.

Le changement d'un ou plusieurs députés se ferait de la même manière; seulement, la pétition ne se signerait que dans les départements respectifs, et devrait, comme toujours, pour être valable, obtenir la majorité, c'est-à-dire deux tiers sur la totalité des électeurs.

Pour me résumer, en établissant l'élection sur des bases larges et loyales, en constatant la souveraineté du peuple, et en lui donnant les moyens d'exercer ses pouvoirs par l'intelligence, seul mobile que les hommes du dix-neuvième siècle puissent avoir, je déclare mauvais citoyen celui qui refusera de se soumettre aux lois de la majorité.

Imprimerie Dondey-Dupré, rue Saint-Louis, 46, au Marais.